ISABELLE FRANCE

(Marcelle Ferry)

—

DOUZIÈME CENTENAIRE

DE

SAINT DIÉ

Sᵗ-Dié, Imp. L. Humbert.

DOUZIÈME CENTENAIRE

DE SAINT DIÉ

Benedico te, Domine Jesu-Christe, gloria vallium et exultatio montium, quia pro te vici mundum.

« Seigneur Jésus-Christ, la gloire des val-
« lees, vous qui faites tressaillir de joie les
« montagnes, je vous bénis de ce que pour
« l'amour de vous j'ai mis le monde sous mes
« pieds. »
                              (*Office de Saint-Dié*).

Ce n'était plus la Vierge de Domremy qui nous réunissait cette année autour de sa chaumière, ce n'était plus le coteau de Bermont que nous saluions de nos acclamations. Toute la joie se concentrait dans nos montagnes des Vosges et l'écho de nos belles forêts redisait après nous : Béni soyez-vous, Seigneur Jésus, de ce que pour votre amour saint Dié a vaincu le monde et nous a fait naître à la grâce !

Tandis que nous envisagions ces jours de fêtes dont les solennités allaient commencer, deux grandes figures se dressaient devant nous : Saint Dié, le saint du jour, le fondateur de notre ville, la lumière surgie dans nos montagnes. Et près de lui Jeanne d'Arc, la vierge des Vosges, l'héroïne de Domremy, le sauveur de la France, la sainte de la veille, puisque l'an dernier, à pareille époque, nous nous inclinions devant elle. Le vieillard et la jeune fille apparaissaient côte à côte, debout dans le passé, comme deux lutteurs surgissant à travers les siècles, pour assurer aux peuples qui leur devaient la vie, une longue suite de jours.

Saint Dié !... Jeanne d'Arc !... bénissez nos Vosges, bénissez-nous. Gardez-nous comme nos pères franchement catholiques, vraiment Français. Restez au milieu de nous, donnez-nous la paix, le bonheur; protégez les enfants des Vosges.

. . . .

Il y a 1200 ans : un jour, un homme d'une grande stature, d'un visage noble et beau, franchissait les montagnes d'Alsace et s'enfonçait dans les vieilles forêts des Vosges. Aucune trace de vie humaine n'apparaissait dans ces vastes solitudes, les arbres s'élevaient librement, ne craignant point la hache du bûcheron. Les lianes lançaient de longs festons dans leurs branches, les mousses et les bruyères se mêlaient aux grandes fougères et aux ronces épineuses. Des rochers couvraient le sol, les ifs et les houx s'appuyaient sur eux et les couronnaient de leurs verts feuillages. Le voyageur considéra longuement cette nature sauvage ; il mesura la profondeur des forêts, leva les yeux au-dessus de cet océan de verdure, et n'aperçut que le ciel..... Alors un sourire éclaira son visage. Il se prosterna sur la terre, appuya ses lèvres sur ce sol vierge et, y traçant le signe de la croix, le bénit au nom de Jésus-Christ. Puis, les bras étendus sur les rochers, il s'offrit, victime pure, pour la sanctification de cette terre qui devenait sa nouvelle patrie. Il embrassa dans une étreinte infinie tous les enfants qui devaient naître dans ces montagnes. Il pria pour chacun d'eux et ce fut avec une suprême et éloquente tendresse qu'il cria à Dieu : « Cette terre est mienne,... bénissez mes fils ! »

Désormais Adéodat était père. Combien d'enfants déjà il avait engendrés dans la foi! Comme sa course avait été pénible, depuis qu'il avait quitté son pays de Nevers! Il était parti, distribuant à tous les trésors de son inépuisable charité, donnant un peu de sa vie à chaque peuple qu'il évangélisait. Que de fois on répondit à ses bontés par des injures! mais elles ne l'arrêtaient pas. Il travaillait, travaillait toujours; il poursuivait son but avec cette calme intrépidité qui distingue les grands fondateurs, et sous ses pas la civilisation s'avançait. Le bûcheron, instruit par lui, levait les yeux au ciel avant de commencer son travail; et, les grandes forêts se reculaient pour céder la place aux enfants de Dieu.

Il avait ainsi traversé l'Alsace fondant à chaque pas de nouveaux monastères, laissant partout la trace de ses bienfaits. Longtemps il s'était arrêté à Ebermunster, où le duc Hunnon lui avait voué une profonde amitié. Mais Adéodat n'avait quitté Nevers que pour amener des âmes à Jésus, que pour vivre dans une solitude absolue. Il voulait peupler pour le Christ un nouveau désert, donner le reste de ses forces à une terre inculte, puis, seul avec Dieu, se préparer au passage de l'éternité..... Adieu, dit-il à Hunnon, je n'ai quitté ma patrie que pour trouver la paix, je vais chercher une solitude si inconnue, un désert si profond, que rien ne m'y séparera de Dieu.

Lorsqu'il découvrit cette gorge solitaire des Vosges, où nul bruit ne se faisait entendre, sinon la grande voix du vent dans les sapins et le murmure des ruisseaux, il sentit son âme se dilater. Aussi bénit-il d'une manière toute particulière et baisa-t-il avec amour cette terre qui devait porter son nom.

Au pied de la montagne, Adéodat aperçut une caverne creusée dans les rochers. Elle était sombre, étroite, mais une source d'eau limpide jaillissait à l'entrée, et les **grands** sapins la couvraient de leur ombre. L'apôtre salua cette grotte que Dieu lui offrait et, s'agenouillant, il se mit en prière. Il ne se préoccupa point de l'avenir, il ne songea pas à jeter ses plans, à appeler des aides pour commencer cette grande œuvre de fondation que son cœur entrevoyait. Il pria, et cette prière ardente, qui pour la première fois s'exhalait du sein des forêts, monta droit au trône de Dieu. Ce fut une cause d'admiration pour les anges que la vue du saint, agenouillé au seuil de sa caverne, les yeux tournés vers le ciel, appelant sur son peuple futur les bénédictions divines.

Les jours suivants il pria plus encore, et ainsi sa vie dans les Vosges fut une hymme continuelle à la gloire de Celui pour lequel il travaillait. Lorsque sa nature exténuée se refusait à le soutenir, il s'étendait sous la voûte sombre de sa caverne et priait encore en contemplant les mille étoiles qui apparaissaient entre les cîmes des hauts sapins.

Quelques semaines après son arrivée dans les Vosges, deux de ses disciples le rejoignirent amenant à leur suite, une famille de bûcherons. Le saint la reçut avec un paternel amour, l'initia à la connaissance de Dieu, éleva son intelligence, agrandit son cœur et jeta dans son âme les semences fécondes des vérités éternelles.

Puis, joignant le travail à l'instruction, lui et ses **deux** disciples déblayèrent quelques arpents de terrain, en arrachèrent les ronces, écartèrent les rochers, abattirent les arbres pour s'en faire des cellules et élever une cabane aux bûcherons. Peu à peu leur œuvre de civilisation s'étendit; grand nombre de pauvres laboureurs vinrent les uns après les autres se grouper autour du saint, et recevoir de lui le champ qu'il avait préparé à la sueur de son front.

Et quand Adéodat, au soir d'une rude journée, voyait toutes

ces familles établies, heureuses et paisibles, il étendait ses mains sur elles, les bénissait, puis allait défricher une autre partie de la forêt pour de nouveaux enfants.

Ils étaient réellement ses enfants, ces robustes laboureurs, ces bûcherons qui s'inclinaient devant le saint en lui disant: « Père. » Il les avait faits les fils de ses labeurs; il leur avait donné le pain du corps, le dévouement de son cœur, et surtout il leur avait donné le pain de l'âme : la foi.

Oui, la foi, la foi simple, pure, généreuse : la foi si fortement ancrée dans le cœur de nos pères, que durant douze siècles ils l'ont transmise sans faillir à leurs enfants. La foi qui jadis les faisait s'agenouiller au milieu des forêts autour d'Adéodat en répétant : « Je crois ! » et qui nous a fait hier encore, dans notre chère cité de Saint-Dié, chanter avec enthousiasme sous les voûtes de la Cathédrale : « *Credo in unum Deum !* »

.   .   .   .

Elle était bien vivante la foi, dans le cœur de la foule, lorsque le samedi dès l'aube, les fidèles décoraient leurs maisons, suspendaient aux murailles de notre vieille cathédrale les tentures, les guirlandes et les blasons aux armes de nos évêques. L'antique cloître apparaissait orné de branches de sapin et ses belles arcades se découpaient mieux sur le bleu du ciel, quand un furtif rayon de soleil venait se glisser au travers de leurs gracieuses ogives. L'église de Notre-Dame, entièrement décorée de verdure et d'oriflammes, gardait le parfum qu'avaient exhalé les encensoirs. Un demi jour y régnait; et derrière une colonne, on entrevoyait en souvenir des temps anciens, le vieux tableau représentant le disciple de saint Dié endormi et la mère de Dieu s'inclinant sur lui.

A trois heures la foule se porta vers la gare. Son Eminence le Cardinal-Archevêque de Lyon rentrait dans son ancien diocèse, et son peuple se rappelait qu'avant d'avoir revêtu la pourpre, il avait vécu 27 ans au milieu de lui, qu'il avait béni ses petits enfants, pris part à toutes ses joies comme à toutes ses douleurs. Aussi d'un élan spontané, tous couraient vers leur père. Lui, grave, ému, n'avait pas sans battements de cœur entrevu les tours de la cathédrale. Il revenait vers les siens et sa joie paraissait sur son visage : il était heureux, il se sentait aimé ! Pour chacun il eut un bon regard, un cordial sourire ; pour tout enfant une bénédiction, une amicale parole. Au palais épiscopal on l'attendait aussi ; il y avait foule là encore, c'était à qui s'approcherait de la voiture, à qui redirait comme un cri d'appel : « Monseigneur ! Monseigneur ! »

Il a pu voir alors, lui et son successeur, Mgr de Briey, ils ont pu voir, nos deux évêques, combien de nombreuses et respectueuses sympathies leur sont acquises parmi ces habitants des Vosges, si froids, dit-on, si indifférents. Non, la surface est rude peut-être ; « l'écorce est brute, disait un « ouvrier, mais le cœur est profond, il sent ce qu'on fait « pour lui. »

A cinq heures la foule envahissait la cathédrale et attendait le défilé des évêques. Lorsque Son Eminence traversa l'église, un frisson de bonheur courut dans les veines de tous les assistants. On se pressa sur les bords de l'allée, on éleva vers lui les petits enfants ; et sur chacun de ces fronts blancs, sur chacune de ces têtes bouclées, il déposait une paternelle bénédiction. Les vêpres commencèrent, lentement psalmodiées d'abord, puis chantées ensuite, mais gravement, avec une solennité ample et presque triste. Il y avait beaucoup de supplications, de demandes dans cette universelle prière.....

Mgr de Briey devait parler et on attendait avidement ses

paroles. Il s'était inspiré du texte adressé par l'Apôtre saint Pierre à ses fidèles. « Mes frères, lorsque je serai mort, je « reviendrai souvent parmi vous, afin de vous rappeler les « choses que je vous ai enseignées. »

Ces paroles étaient grandes, profondes; elles furent développées avec un esprit de foi éminemment intérieur. Du reste dans les quelques sermons que nous a donnés Monseigneur, nous avons toujours pu sentir, derrière des vérités serrées et convaincantes, une âme qui parlait, une âme unie à Dieu, vivant de lui, pénétrée de sa grande mission et des saintes vérités qu'elle avait à nous enseigner. Aussi, tandis que saint Dié nous apparaissait revenant au milieu de nous par ses grâces, par sa prière, qui demeure toujours, et que nous le sentions présent à sa fête, une parole vibrante remuait nos cœurs. « Saint Dié a cru, disait Monseigneur, il a agi; il nous a conquis à la grâce par l'action et la prière; le combat de la vie se résume en deux mots: *Croire et faire.* Croire en Dieu; faire ce que nous prescrivent ses commandemants. La foi et l'action: sans action, nul résultat. L'homme agissant pour Dieu: Dieu aidant l'homme. Dieu et l'homme, rien au-delà. L'homme muni du secours de Dieu, élevé par lui, conduit par lui. Et tout ce qui n'est pas de l'homme avec Dieu, tout ce qui ne vient pas de l'union de l'humain avec le divin, tout cela n'est rien que mensonge, ambition, folie et néant. »

La bénédiction suivit le sermon et cette vigile de la fête resta comme un prélude, grand, majestueux déjà, mais triste, plein d'émotions de toutes sortes. C'était le soir d'une belle journée trop tôt finie, c'était l'entrevue du vrai bonheur que donnent les fêtes de l'Eglise... et c'était aussi un pénible regard jeté sur la liberté de cette chère Eglise de France.

Le lendemain à 9 heures, nous étions tous à l'église; tous,

car la population entière prenait part à la fête. Nos Seigneurs les Evêques de Verdun et de Nancy étaient arrivés, et le cortége fut plus nombreux encore ce jour-là que la veille. Le trône archiépiscopal était entouré de prêtres; la plus grande pompe avait été déployée et les chapes de soie brodées d'or ressortaient sur l'autel brillant et les décors mats et sévères du chœur.

C'était un luxe grandiose, princier, un luxe digne d'un Dieu-Roi, et d'un saint, son disciple. La foule pressée dans la nef contemplait avec joie les cérémonies. Elle comprenait cette magnificence, ces honneurs rendus à Dieu, et frémissait au chant du *Gloria,* répété avec enthousiasme. Elle se disait : « Ce n'est pas trop, c'est bien, » Elle ne s'étonnait pas plus de cette pompe inusitée, que le soldat, du commandement qui lui fait mettre — genou terre — au moment de l'élévation, et rendre ainsi à Dieu un hommage qu'on n'a jamais rendu aux plus grands des mortels.

Au milieu de la nef, un vieillard pauvre, maladif, venait de s'asseoir sur la chaise qu'une dame, témoin de sa faiblesse, lui avait cédée. Il regardait avec émotion Monseigneur Caverot et souriait de bonheur. « Qu'il est beau, murmurait-il, et si bon! Je l'ai vu déjà près de l'évêché; il m'a dit: Bonjour, mon ami ; il m'a reconnu. » Puis se plongeant dans ses souvenirs, il retournait une petite feuille blanche, seul objet de piété qui se trouvât dans ses mains. C'étaient les Litanies de saint Dié. Il les disait lentement, cherchant de ses yeux affaiblis les lettres imprimées. « Saint Dié, père des pauvres, répéta-t-il à plusieurs reprises... Oui, père des pauvres. » Et il était heureux, se sentant entouré d'une protection particulière.

Mgr Foulon prit pour thème de son discours l'évangile de la messe : la multiplication des pains. Il redit cette sublime scène, durant laquelle le Fils de Dieu, voyant le grand nombre d'hommes accourus à sa suite, eut pitié d'eux, et ne voulut pas les renvoyer, de crainte qu'ils ne tombassent en chemin. « Mes frères, poursuivit-il, l'Eglise a toujours voulu distribuer, non-seulement le pain du corps, mais encore le pain de l'âme. Tandis qu'autour d'elle, souvent on a cherché et longuement discuté la manière de faire la charité, tandis que plusieurs voulaient l'organiser par la loi, sans dévouement partiel, que d'autres proposaient le dépouillement de quelques-uns au profit de tous, elle, elle multipliait partout ses aumônes, et y joignait le pain de la divine parole. Elle avait recueilli l'enseignement sacré : « Allez, enseignez toutes les nations, » et n'avait pas demandé « Lesquelles? » mais était allée à tous, offrant la divine lumière, la répandant sur le monde. L'enseignement véritable repose entre ses mains et malgré les attaques subtiles qui aujourd'hui s'acharnent contre elle, elle défendra l'héritage de ses fils. « L'Eglise a fait son temps, répètent les novateurs ; elle a vieilli ; à d'autres d'enseigner la vérité. » L'Eglise n'est d'aucun temps ; elle a devant elle l'Eternité ; elle marche sur la voie tracée par Dieu lui-même et son front porte le sceau de la promesse divine. Elle ne demande qu'une chose : la liberté de donner son cœur, son âme, sa vie, la vie de ses enfants et la science qu'ils ont amassée, pour le profit de tous. Tandis que Pierre dormait dans sa prison et que ses gardiens discutaient sur sa mort, l'Eglise priait. Des âmes ardentes criaient vers Dieu ; et, l'Ange du Seigneur, renversant les portes de fer, enleva Pierre et le rendit à ses fidèles. Maintenant aussi l'Eglise prie ; elle veut ses fils qu'on lui arrache. Elle prie, c'est sa seule arme; elle n'use que de celle-là et sa prière monte vers le Seigneur. Elle souffrira, qu'importe..? Elle restera mère et mère enseignante. Quelle Eglise a eu ses martyrs comme l'Eglise du Christ ? »

La cathédrale était tellement remplie de monde que par instant l'air manqua, et plusieurs fois les assistants qui s'étaient réfugiés près des portes durent les ouvrir, afin de faciliter la respiration. Au dehors une pluie fine tombait, pluie persistante et continue, si désastreuse pour nos campagnes, mais qui n'entravait pas le zèle des paroissiens. Au sortir de la messe, les maisons étaient pavoisées, enguirlandées de fleurs et on continuait à les orner avec une persévérante ardeur. Les couleurs de la patrie se mêlaient aux oriflammes de toutes nuances et les mots: Vive la France! aux invocations en l'honneur de saint Dié. Ah! que nous voudrions, notre cher pays, te voir toujours ainsi mêlé à nos fêtes religieuses. Pauvre France, ne serais-tu pas plus heureuse !

Le soir, à 4 heures, après le chant des Vêpres, qui se dirent avec la même solennité et la même gravité lente et calme, les yeux des fidèles se tournèrent anxieusement vers cette chaire tendue de velours rouge où se tenait un membre de la compagnie de Jésus : *un Jésuite.*

Debout, les mains appuyées sur le rebord de la chaire, la tête inclinée, le père Félix demandait à Dieu, non l'éloquence qui entraîne et enthousiasme, mais la force de déduction qui émeut et frappe les cœurs. En le considérant humble, vieilli, usé par les rudes labeurs du ministère, nous nous disions: Que peut-on reprocher à ce vieillard? Son nom est connu non-seulement de la France, mais de l'Europe entière. La gloire forme une auréole autour de son front et elle rejaillit sur la nation dont il sort. A-t-il depuis sa chaire, soit lui ou les siens, a-t-il excité les peuples à la révolte, a-t-il appris aux fils de France à se lever contre leur patrie, à ne pas respecter leur mère, à désobéir aux lois? Ou au contraire n'a-t-il pas, lui et ses frères, donné à la science une impulsion plus forte, n'a-t-il pas prêché l'abnégation, le mépris des honneurs, le dévouement à la patrie? N'ont-ils pas prouvé leur amour pour la France et est-ce leur sang ou le sang de ceux qu'ils ont fait tuer, qui teint encore en ce moment les murs de la Roquette? On leur a reproché d'avoir pour devise « *tantum cadavera sumus?* » nous ne sommes que des cadavres. Oh! la mort à l'ambition, à l'égoïsme, à la volonté propre, n'est-ce pas ce qu'il faut au soldat qui marche en tête de l'armée. On leur a dit qu'ils n'étaient d'aucun lieu, qu'ils n'aimaient pas la patrie: mais, qu'on les mette à même de prouver leur amour pour la France!... Et n'est-ce pas déjà fait?... On leur a reproché de tout faire pour Dieu : « *ad majorem Dei gloriam,* » de préférer la patrie du ciel à la patrie de la terre. Ah! cette fois, c'est trop dire. Quoi, à ces hommes qui ont tout quitté; à ces hommes qui ont renoncé au rang, à la fortune; à ces hommes toujours bannis ou prêts à l'être, on refuse le droit de préférer la patrie immuable, céleste, éternelle à ce lieu de changements incessants, de troubles perpétuels? Oui, c'est trop dire : leur famille, c'est l'humanité, ce sont les âmes; leur patrie, c'est le ciel; leur but, la gloire de Dieu. Et quoiqu'il arrive, les Jésuites conserveront toujours l'estime, la reconnaissance, la vénération de tous les vrais Français; combien d'entre eux furent des sujets de gloire pour la France? Oh! France, ne renverse pas tes gloires, pauvre pays !.....

Il était debout, et sa parole pénétrante frappait déjà les cœurs : « Lorsque j'aurai été élevé, dit Jésus-Christ à ses apôtres, j'attirerai tout à moi. » Il y a d'immenses enseignements à prendre, mes frères, dans la vie du grand saint, du grand apôtre, du grand évêque dont nous célébrons le douzième centenaire aujourd'hui, et c'est la gloire de l'enseignement religieux que de pouvoir expliquer et commenter les paroles du divin Maître en les appliquant à saint Dié.

« Ce qui a fait du fondateur de cette cité tout ce qu'il a été, ce qui fait sa gloire actuelle et son triomphe après ces douze siècles écoulés, c'est l'amour de Jésus-Christ, poussé jusqu'à l'héroïsme. En aimant passionnément Jésus-Christ, l'athlète des Vosges a agrandi la démonstration de la divinité.

« Il y a un fait miraculeux dans la vie de Jésus-Christ, fait seul qui prouve sa divinité, c'est le règne qu'il s'est créé dans le monde, la place qu'il s'y est conquise; c'est le rang qu'il occupe, rang au dessus des puissants et des forts ; c'est le trône où il se tient, trône situé sur le pôle du monde. Et cependant il est un fait plus grand encore, plus splendide, plus inouï, il s'est fait aimer de nous.

« Il s'est fait aimer de nous, il a mis dans les âmes un amour capable de pousser l'héroïsme jusqu'aux plus grands sacrifices, de ces sacrifices où la nature se déclare vaincue et où Dieu triomphe, jaloux de la souveraineté qu'il s'est conquise. Donner son cœur ! c'est tout dans la vie de l'homme, tout. L'égoïsme combattu, c'est le mystère qui tue.

« Donner son cœur ! On arrive dans la vie, on se présente jeune, ravi ; on a des qualités supérieures, une grande élévation de cœur, on s'avance confiant... et puis au troisième pas fait sur le chemin douloureux, les illusions tombent, comme les feuilles aux premiers vents d'automne.

« Nos défauts nous font haïr des hommes, nos qualités, hélas! elles ne nous font pas toujours aimer. Nos vices font naître des haines sous nos pas. Nos vertus ?.. Est-il quelque chose qui se fasse aussi peu pardonner que la vertu ?

« Il est difficile de se faire aimer des hommes, cependant

plusieurs l'ont essayé. Quelques poëtes, des orateurs, des philosophes, Platon, Homère, Hésiode, Pétrarque, Démosthène, Virgile, le chantre divin..... Et maintenant que vous font ces morts? Rien, ils sont morts; leur génie illumine encore votre intelligence; mais leurs cendres, qu'est-ce? Si je vous demandais quel amour il y a pour eux dans vos cœurs, vous me répondriez par un sourire. Votre admiration leur reste et c'est tout.

« Ils n'ont pas fait de lois pour gouverner les cœurs; ils n'ont pas dit: « Aimez les autres plus que vous-mêmes, fai-
« tes du bien à ceux qui vous persécutent, pardonnez à ceux
« qui vous font du mal, rendez la bonté pour l'injure re-
« çue. » Ils n'ont pas essayé. Et aussi jamais on n'a puisé en eux l'enthousiasme d'un martyre ni l'héroïsme d'un sacrifice.

« Ils avaient tout en main pour réussir, aucun moyen ne leur manquait : génie, intelligence, fortune, prestige, science, gloire. Ils pouvaient, les grands conquérants, faire mouvoir des bataillons, franchir des fleuves, renverser des mondes, mais se faire aimer d'un amour durable, non !

« Ils ne l'ont pas souhaité, et combien ont murmuré : nous sommes les dieux du jour, mais demain..... « J'ai pu,
« disait un grand capitaine, établir le règne de ma puis-
« sance, celui de mon amour, jamais. » Quel homme eût osé dire : Vous m'aimerez par dessus tout, plus que vous même : Vous oublierez tout pour l'amour de moi?.....

« Jésus-Christ, lui, a voulu être ainsi aimé; il a demandé un amour intrépide, vigoureux, un amour d'abnégation poussé jusqu'au martyre. Il l'a eu, il l'a encore. Ceci est la plus grande preuve de sa divinité « *Tu es Christus Deus vivus.* »

« Et pourtant Jésus-Christ a cherché les moyens les plus

contradictoires avec la fin qu'il se proposait. Les hommes, eux, emploient trois puissances pour se faire aimer : celles du prestige, de l'attrait et de la présence.

« Et d'abord la puissance du prestige, du rang, de la naissance.

« Jésus-Christ est né dépouillé à sa naissance. Pour berceau il a eu une crèche, pour trône, une croix, et entre ce berceau et ce trône, Nazareth : la pauvreté.

« Tout homme à l'heure de la mort, se recueille et développe sa vie dans un dernier jet. Jésus-Christ meurt entre deux scélérats, considéré lui-même comme le plus scélérat de tous. Le divin crucifié ne garde que le prestige de sa divine infamie et il entraîne les hommes à sa suite. Ah ! ce premier procédé est-il d'un homme ?.... Non, c'est celui d'un Dieu. C'est insensé ou c'est divin !

« Jésus-Christ a choisi pour attrait la souffrance. La souffrance, dont le nom seul révolte la nature : la souffrance avec son cortége hideux ; la souffrance âpre, amère, continue, qui fait frissonner les plus braves et devient un objet d'horreur pour le ciel et la terre. Il l'a choisie. L'enfant de Nazareth, le supplicié du Calvaire est le fils de la souffrance, et depuis qu'il l'a adoptée, depuis qu'il en a sondé les affreux mystères, depuis que son front pâle a ruisselé de la froide sueur qu'amène la douleur, quel charme soudain a-t-elle donc, revêtu ?

« La souffrance ! mais nous l'appelons, nous l'aimons, nous la voulons à présent. Elle a un charme divin, elle est l'attrait du crucifié ! C'est notre bonheur à nous de la sentir torturer nos membres et notre cœur ! Nous nous relevons sanglants, broyés par elle, pour contempler le visage de notre Christ, et, enivrés de délices nous répétons : Encore, encore !

« Quelles phalanges de saints ont chéri la souffrance, ont

appelé cette fiancée de Jésus-Christ, ont versé leur sang jusqu'à la dernière goutte dans d'horribles supplices. Où donc puisaient-ils le courage qui faisait resplendir leur visage d'un divin enthousiasme si ce n'est dans l'amour et le divin attrait que leur avait inspiré l'homme des douleurs.

« Jésus-Christ a attiré les hommes comme un Dieu. Il n'était plus beau. Oh! le plus beau des enfants des hommes! Il a voulu dépouiller tout ce qui restait d'humain en lui, éloigner tout vestige de beauté, tout ce qui pouvait conquérir les cœurs. La souffrance l'avait transformé, et de loin le prophète, le considérant dans les siècles futurs, s'écriait: « J'ai vu le visage défiguré du Fils de Dieu, et je ne l'ai plus reconnu. »

« Au moment où la vie était en fleur en lui, Jésus-Christ meurt et disparaît. N'est-ce pas fini alors? Qui donc entraînera les âmes, qui excitera en elles la flamme de l'enthousiasme? O Jésus-Christ, vous êtes mort et votre règne touche à sa fin... Non, *Vincit*, il triomphe. Le Christ apparaît lumineux dans les ténèbres et verse sur sa tombe, scellée par l'infamie, le témoignage d'un continuel amour. Il se fait Dieu, c'est-à-dire infini, immuable, dans une pâle hostie, et cette hostie devient le gage éternel qui unit le monde à la divinité. Hé bien! gloire, gloire à Dieu, gloire au Christ ressuscité! Il a régné! il a triomphé trois fois divinement !.. Il a triomphé par sa miséricordieuse étendue: depuis l'ère de la résurrection, combien de cœurs sont tombés aux pieds de Jésus-Christ, blessés comme Madeleine par l'amour divin. O femmes chrétiennes qui m'entendez ici, vous n'avez pas, comme la sainte, collé vos lèvres aux plaies du crucifié, vous n'avez pas inondé sa tête de parfums, baigné ses pieds de vos larmes, vous n'avez pas vu Jésus, et cependant vous l'aimez ; son amour brûle votre être délicat, vous souriez à son triste visage appuyé sur l'arbre de la croix, vous frémissez, ah ! oui, vous frémissez en entendant le nom de Jésus-Christ... Vous l'aimez donc ?

« Jésus-Christ est ce mort de dix-huit siècles, debout sur la pierre du sépulcre, qui appelle tous les peuples à son amour. Quel spectacle, quelle manifestation de la divinité. Jésus-Christ demandant et obtenant tout des cœurs ! O amitié, tu es détrônée par l'amour de Jésus ! A un ami on donne tout, n'est-ce pas ?.... Non, pas tout, car *tout* donner c'est s'anéantir devant un autre être ; c'est adorer, c'est sacrifier génie, gloire, intelligence, talent, beauté, fortune, puissance pour l'être adoré. A Jésus-Christ seul on sacrifie tout, et alors la parole de Paul s'accomplit : Je vis... mais non, ce n'est plus moi qui vis, c'est le Christ qui vit en moi !

« Unir un cœur à son cœur, l'aimer passionnément toujours, c'est inouï, impossible dans la vallée des changements ! Et cependant, alors que nous sommes unis au Christ, que notre âme, fleur divine, s'est attachée à l'âme du Christ, qui donc pourra la séparer de son amour. Sera-ce la gloire, les honneurs, le monde, les hommes, la persécution ? Ah ! la persécution !!!..... Non, rien ne nous séparera de l'amour de Jésus-Christ.

« O anciens, illustres sénateurs, avec vos chars dorés montant au Capitole, qu'avez-vous fait ? Vous avez triomphé un jour, et vous n'avez pu vous immortaliser. Vainqueur à l'Orient, vous êtes vaincus à l'Occident ; vous avez fait ce qu'un homme vaillant, énergique, doué extraordinairement de la main de Dieu a pu faire, et moi, homme, je m'incline devant vous. Mais vous n'avez pu vous approcher de Celui qui entraîna l'univers. Gloire d'un instant, passez, passez !

« Oui, Jésus-Christ a découvert des cœurs brûlants, passionnés pour lui : cœurs de saints et cœurs de pécheurs, cœurs de vierges et cœurs de martyrs, cœurs de héros et cœurs de jeunes filles, cœurs de rois et cœurs de peuples, et ces cœurs lui ont dit : Nous vous avons tout donné, nous ne vous avons rien refusé, nous sommes à vous pour toujours.

« Ah! combien de cœurs de femmes, de vierges, de jeunes filles répondent en ce moment à ma parole et sont heureuses d'un bonheur infini, de cette manifestation de la divinité de Jésus-Christ. Combien, lorsqu'elles possèdent Jésus-Christ dans leur cœur par la communion sentent l'attrait divin, irrésistible, inouï du Crucifié. Oui, je le jure devant le ciel et la terre, le grand œuvre que Celui-là et lui seul a accompli, ce n'était pas l'œuvre d'un homme, c'était celui d'un Dieu.

« Saint Dié n'a pas aimé le Christ pour lui seul, il l'a aimé pour nous, et nous, nés de ses labeurs, nous l'avons aimé en lui. Aimons-le donc vraiment à présent; prenons garde, l'abîme est dangereux: donner son cœur à la créature, c'est le désespoir, la mort, parce que c'est le fini. Le donner à Dieu c'est la liberté, le bonheur, le commencement de la félicité divine ; c'est l'infini.

« Et maintenant, grand saint, vous qui courriez à travers les déserts pour l'amour du Christ, vous qui conviiez les arbres de la montagne à l'amour de Jésus, ah! faites, faites des miracles. Demandez au Christ de nous enflammer de son amour, demandez-lui de nous faire vivre en lui, et demandez-lui aussi que la manifestation de cet amour ardent s'accomplisse dans nos âmes. — Amen. »

.   .   .   .

Quelques heures plus tard, par une tiède et douce soirée, nous parcourions la ville qui était entièrement illuminée. De longs cordons de lumières brillaient aux fenêtres ; des lanternes vénitiennes de toutes couleurs se mêlaient aux guirlandes de verdure. La foule s'était portée vers le Parc, afin de prendre sa part des fêtes joyeuses qui s'y donnaient; aussi les grandes rues étaient-elles peu mouvementées et paisibles. Les tours de la Cathédrale surgissaient dans l'ombre, éclairées par des globes rouges, verts et bleus. Rarement peut-être une de nos fêtes patronales s'est passée avec autant de calme. Sur le champ de foire c'était un joyeux tumulte, tous s'amusaient gaîment; mais le souvenir des fêtes du jour restait présent, on se disait encore : Et demain !

Le lundi 14 fut peut-être le plus grand jour de la fête. Le cardinal-archevêque de Lyon officiait pontificalement, et tous les pèlerins devaient assister à sa messe. A 9 heures, plusieurs paroisses commencèrent à arriver, et sans prendre de repos, se dirigèrent de suite vers la cathédrale. De demi-heure en demi-heure, un nouveau groupe venait se joindre aux autres et s'agenouiller devant les reliques de saint Dié, exposées dans le chœur. La messe dura deux longues heures; la foule était si grande que bon nombre de fidèles demeurèrent debout. La porte principale de la cathédrale demeura ouverte; beaucoup d'assistants se tenaient en dehors, sous une pluie qui ne s'arrêtait qu'à de courts intervalles. C'était un beau spectacle que celui de cette multitude de pèlerins venus de Neufchâteau, de Mirecourt, d'Épinal, de Remiremont, de Rambervillers. Une foi vive se lisait sur leurs traits, et un sourire sympathique paraissait sur toutes les lèvres. Nous avons remarqué là ce qui nous avait déjà frappés à Domremy : une bienveillance mutuelle, une cordialité générale dans cette foule d'inconnus. Sans doute on se pressait, on s'entraînait, mais c'était avec un sourire, un regard d'excuse; tous étaient là pour un motif de foi, et cette pensée remplissait les cœurs.

Mais ce fut à deux heures surtout, lorsque de toutes parts

les pèlerins s'organisèrent pour la procession, que le spectacle fut grand et émouvant.

Debout sur le parvis de la cathédrale, sous le grand tilleul, qui versait à profusion ses parfums pénétrants, nous regardions cette foule qui augmentait à chaque instant. Toutes les paroisses se réunissaient, et au milieu d'elles leurs curés, allant de l'un à l'autre, s'informaient du voyage, échangeaient une poignée de main avec leurs paroissiens. En voyant sans cesse s'accroître cette réunion, nous pensions : Pourquoi craint-on aussi vivement pour la France : on dit que sa foi s'en va, que l'erreur se glisse dans les campagnes. Mais quel motif a réuni tous ces pèlerins ? Est-ce l'intérêt, le plaisir ? Non ; beaucoup de fatigues les attendent ; on leur a dit qu'ils prieraient beaucoup, et ils sont partis. Ah ! la foi ne s'éteint pas. Vous l'avez bien gardée, vous tous, nos chers Vosgiens, et c'est pourquoi nous avons foi en vous. Oui, nous avons foi en nos campagnes : là on parle moins que dans les villes, on écoute plus, on ne se monte pas pour une idée ; mais les grandes vérités restent au cœur du paysan. Il ne répond pas, il laisse discourir autour de lui, puis à un appel de foi il dit : me voici. Et si les autres s'étonnent, ne comptant plus sur lui, c'est lui qui à son tour ne comprend pas leur manque de confiance.

Nous n'avons plus assez confiance en France ; nous ne croyons plus au bien, nous tremblons pour l'Église de Dieu et oublions la grande parole qui assure sa destinée éternelle : « Tu es Pierre et sur cette pierre je bâtirai mon église, et les portes de l'enfer ne prévaudront pas contre elle. » Gardons la confiance, nous devons l'avoir ; Dieu la veut en nous... Et puis, croyons aux hommes. Il y a beaucoup de lutteurs de la bonne cause ; ils sont timides peut-être, mais n'attendent qu'un mot pour se lever. Combien de faibles, de craintifs ont été encouragés par une forte parole. Il faut que tous les défenseurs de la cause divine se sentent si fortement unis qu'ils ne fassent vraiment qu'une seule âme, et que la force des uns soutienne la faiblesse des autres.

A deux heures et demie, la procession s'ébranlait. Il faisait beau alors, et dans les rues la longue file des pèlerins se rangeait sur deux lignes, à la suite des bannières de toutes couleurs. Les paroisses éloignées avaient pris place au commencement, puis venaient les fidèles de la ville, et après le séminaire, le clergé et Nos Seigneurs les Évêques qui suivaient la châsse de saint Dié. Tous ces jeunes séminaristes en longs surplis blancs chantaient les litanies des Saints. Ils priaient pour tous, demandant à Dieu ses bénédictions pour la cité qu'ils traversaient, pour les campagnes qu'on apercevait au delà de la ville, pour leurs familles, pour ceux dont les visages amis leur souriaient sur leur passage, pour ceux aussi qui, ne les connaissant pas, leur prodiguaient la haine et la raillerie. Ils se préparaient, en chantant les louanges de saint Dié, à la vie d'isolement du prêtre, à ses labeurs sans récompense, à cette méditation continue qu'il fait entre un berceau et un cercueil. Ils apprenaient à toujours bénir, à toujours pardonner, à toujours consoler, quand même leurs cœurs à eux seraient gonflés de larmes. Ils apprenaient, comme saint Dié, à se donner tout à tous pour l'amour d'un seul. Ils comprenaient réellement la parole de Jésus-Christ: « Le monde vous haïra à cause de moi, il vous maudira..... » et dans leur cœur ils répondaient à cet écho d'en haut : « Il n'est pas juste que le disciple soit mieux traité que le maître. »

Le commencement de la procession avait atteint la chapelle du Petit-Saint-Dié, et s'était groupée autour du reposoir. Dans le lointain on entendait les sons de la musique qui précédait les reliques, et à travers le feuillage des acacias qui bordaient le chemin, on apercevait la châsse dorée, soutenue par quatre jeunes prêtres. Une longue avenue plantée de colonnes garnies de guirlandes de sapin, conduisait à l'autel. Il était tout blanc, à arcades finement déchiquetées, et occupait le fond du reposoir.

Une pluie torrentielle empêcha, pendant un quart d'heure, les prêtres d'approcher de l'estrade. La foule attendait avec patience la fin de l'averse et s'était respectueusement écartée pour laisser passer les reliques qu'on déposa dans la petite chapelle élevée sur le lieu de la mort de saint Dié. Tandis que cette pluie fine et glacée nous transperçait, nous pensions : « Ah ce n'est pas l'espoir d'un plaisir ni un but humain qui a rassemblé cette foule, sans quoi sous un semblable déluge elle déserterait la place pour chercher un abri. Non, un grand motif la retient, une forte pensée la rend pour ainsi dire insensible à tout ce qui se passe autour d'elle, et elle attend avec calme que le moment soit venu de reprendre les solennités.

Enfin le ciel se dégagea, et immédiatement reportant sa pensée sur la fête, la multitude oublia cette désastreuse averse pour songer uniquement au sermon qu'elle devait entendre. Le clergé, craignant un excès de fatigue pour les assistants, voulut donner de suite la bénédiction. De si vives plaintes s'élevèrent du milieu de la foule qu'il céda à ses sollicitations, et Mgr Viard s'avança sur le bord de l'estrade.

Le ciel était alors à demi débarrassé de ses nuages ; il apparaissait limpide et vaporeux au-dessus de la vallée de Nompatelize. La Bure se dressait dans le lointain, couverte d'une brume bleuâtre, tandis qu'Ormont, s'appuyant sur l'horizon noir encore, surgissait des brouillards avec sa fière courbe, ses beaux et sombres flancs. Un double arc-en-ciel se détachait sur lui et l'irisait de ses teintes charmantes; le soleil faisait scintiller chaque goutte de pluie suspendue aux acacias du chemin. Au second plan, le clocher de Saint-Martin apparaissait à demi voilé par les arbres fruitiers qui remplissaient le champ où était dressé le reposoi r; les grands sapins de la montagne s'agitaient remués par le vent, et un rayon de soleil glissait sur les rochers grisâtres qui couronnent son sommet.

Mgr Viard jeta un regard, non seulement sur le splendide horizon qui l'entourait, mais encore sur la foule qui remplissait toute l'enceinte et attendait avidement sa parole. Il eut sur les lèvres un sourire de bonheur lorsqu'il vit ces visages qui exprimaient la foi et, laissant déborder le trop plein de son cœur:

« Mes frères, mes fils, s'écria-t-il, je ne crois pas qu'il soit donné à un cœur catholique de goûter une joie plus grande que celle que j'éprouve en ce moment. Je sens l'ardente foi qui anime vos âmes, la sincère piété qui vit en elles; je devine les généreux dévouements de vos cœurs. J'ai grande confiance en vous voyant ainsi debouts et pressés autour de l'autel. O peuple des Vosges, reste toujours debout et serré autour de l'Eglise catholique. Courage, frères! Saint Dié a travaillé pour l'Eglise, à vous de l'imiter. Aimez votre mère dans les larmes, aimez-la dans la douleur; sa divine beauté enflammera votre cœur et fera de vous des héros. Aimez-la tous, femmes, enfants, vieillards, car il n'y a pas que les officiers de bord sur un vaisseau, il y a les soldats, les matelots, il y a ceux qui obéissent, ceux qui meurent cachés, ceux qui tombent oubliés, mais que Dieu voit et connaît. Mes fils, notre Vierge de Domremy avait un grand cri de guerre: elle disait à ses gens : Vive labeur ! et ils s'élançaient animés par je ne sais quelle fièvre, emportés par je ne sais quelle force. A vous, ses fils et son sang, elle crie encore : Vive labeur ! Courage donc, travaillez, en avant... qu'importe l'orage, la peine, la souffrance, champions du Christ, l'éternité vous attend ! Jeanne d'Arc, c'est la nôtre, c'est notre chef, notre sœur, notre force. Au siége d'Orléans, lorsqu'elle fut blessée et que sa cotte de maille se teignit de rouge, ses hommes lui crièrent : Jeanne, arrêtez-vous, votre sang coule. Et elle, debout sur la brèche, entraînant ses soldats, elle répondait: En avant ! ce n'est pas du sang, c'est de la gloire !... Mes fils, à la suite de vos prélats, marchez à la lutte, au combat; ne craignez ni les injures ni les railleries, ne craignez pas la persécution, criez aussi: ce n'est pas du sang, c'est de la gloire. Nous sommes avides de gloire, car nous voulons l'éternité.

« ..... Mes fils, vous allez recevoir la bénédiction de Dieu, celle de vos évêques. Ils la répandront sur vous, pour que vous soyiez saints, sur vos foyers pour que la paix y demeure, sur vos familles afin qu'elles croissent et se multiplient. Ils la répandront sur votre ville, sur vos campagnes, afin qu'elles soient fertiles. O mes fils, souvenez-vous de la parole du maître : Demandez, demandez toujours et on vous donnera. Si vous ne recevez pas les grâces de Dieu, c'est que vous ne les demandez pas. Apprenez à prier, mes fils, il le faut; faites-le et nous nous reverrons : ah! oui, nous nous reverrons. Adieu, mes fils, je vous convie tous aux parvis éternels. »

La foule était muette, impressionnée; cette éloquente parole l'avait saisie. Tout-à-coup un cri s'éleva : Vive saint Dié ! et un frisson courut dans les veines des assistants. Tous se retournèrent: c'était le cri d'une pauvre femme, d'une femme du peuple que tous les jours nous voyons travailler au milieu de nous. Vive saint Dié, répéta-t-elle. Un prêtre s'inclina vers elle: Ne criez pas, dit-il, d'autres le feraient;

elle se redressa et le regardant: Hé bien!.... je suis de Saint-Dié, moi, c'est mon pays et c'est mon saint. Oui, répondit-il en souriant, mais priez-le tout bas... Monseigneur ne veut pas de bruit. Ah!... murmura-t-elle... puisqu'il ne veut pas!... et soumise, elle reprit son chapelet, qu'elle avait interrompu au commencement du sermon.

Comme nous reportions nos yeux sur le reposoir, un calme soudain se fit au milieu de cette foule qui se pressait autour de l'estrade. Les prêtres s'étaient écartés en silence, et au devant de l'autel les cinq évêques debouts côte à côte se recueillaient dans une muette prière.

Ils avaient revêtu les longues chapes blanches et or. La mitre était posée sur leur tête et devant eux, à genoux, des acolytes tenaient leurs crosses dorées.

Ce fut un moment solennel : les pèlerins retenaient leur respiration, leurs yeux étaient rivés sur les évêques. Alors, s'arrachant à leur profonde adoration, les cinq prélats étendirent les bras vers le ciel ; leurs yeux levés en haut s'abaissèrent sur la foule, et lentement, avec force, avec cette autorité que Dieu lui-même leur a donnée, ils prononcèrent l'invocation sacrée : *Sit nomen Domini benedictum.*

Et tout d'un même accord, la grande voix du peuple s'écria : *Ex hoc nunc et usque in sœculum.*

S'appuyant sur la force divine les prélats reprirent : *Adjutorium nostrum in nomine Domini.*

Le peuple répondit par un acte de foi : *Qui fecit cœlum et terram.*

Puis tous les genoux fléchirent, les têtes s'inclinèrent et

seuls, dominant cette multitude, en face de ces montagnes illustrées par les vertus d'un saint, les successeurs des apôtres s'appuyant d'une main sur leur crosse, sceptre de vérité, de douceur et de force, bénirent leur peuple au nom du Père, du Fils et du Saint-Esprit.

. . . .

Et cette fois la foule ne répondit pas : Amen! les prêtres seuls prononcèrent ce mot, mais dans le cœur des fidèles se gravait à jamais le spectacle sublime des cinq évêques debouts dans toute leur pompe, appelant au nom de Dieu le bonheur et la paix. Et les âmes frémissantes répétaient: « vous êtes grand, Seigneur, vous avez fait retentir votre voix, et la terre a tremblé; vous l'avez juré et ne rétracterez pas vos serments: ils sont les prêtres éternels selon l'ordre de Melchisedech. » (*Ps. 45 et 109.*)

La bénédiction du Saint-Sacrement fut donnée ensuite dans le même silence et la foule ne retrouva vraiment sa voix que pour entonner le chant de triomphe: *Laudate Dominum !*

Puis elle s'écoula lentement émue, attendrie, et tous les pèlerins furent s'agenouiller dans la petite chapelle de saint Dié!

Elle est gracieusement posée au pied de la montagne et abrite quelques simples maisons où de vieux prêtres viennent prendre une retraite bien laborieusement acquise. Un petit jardin l'entoure; il a ses carrés de buis soigneusement entretenus, quelques arbres fruitiers, dont les branches viennent caresser les vitraux de la chapelle. La vigne vierge jette de longs festons de verdure sur les murs du petit sanctuaire; elle glisse jusqu'à son clocheton de pierre, et la cloche en s'ébranlant secoue les fleurs blanches de la clématite qui s'est enlacée autour d'elle. A l'intérieur de la chapelle il fait sombre; le jour est intercepté par des vitraux de couleur représentant quelques événements de la vie du saint.

C'était touchant lundi, de voir les reliques de notre père déposées à cette place où, il y a douze siècles, il livrait une dernière lutte avec la mort. Il était étendu sur sa pauvre couche, exténué et si affaibli qu'il ne pouvait prononcer une parole. Ses disciples à genoux l'entouraient. « Père, disaient« ils, ah! père, ne nous abandonnez pas ; père, que de« viendrions-nous? »

Saint Dié entendant ces plaintes se souleva à demi et les supplia de calmer leur douleur. Il leur recommanda ensuite de garder fidèlement la règle qu'il leur avait donnée; puis, épuisé, il retomba en arrière. A ce moment même arrive saint Hidulphe: il vole vers son ami qu'il trouve sans connaissance et le serre dans ses bras. Saint Dié respirait encore; la vue de son frère d'adoption le ranime, un sourire de bonheur luit sur ses lèvres. Il lève les yeux sur le crucifix et remercie son Dieu, puis il conjure Hidulphe d'avoir soin de ses enfants. Il les lui recommande avec ardeur, lui confie ce pays qu'il chérit, ses montagnes tant aimées. Hidulphe accepte ce legs de son ami et lui promet de se consacrer à sa nouvelle tâche.

Alors saint Dié se recueille profondément, il appelle ce Dieu au service duquel il s'était consacré, il pousse un dernier cri d'amour; ses yeux cherchent encore ses fils et ses montagnes, puis sa tête s'incline, il s'affaisse et meurt entre les bras de son ami.

.   .   .   .

O Père, vous êtes mort, et comme vos disciples nous répétons : Père, ne nous abandonnez pas, que deviendrions-

nous sans vous. Ces trois jours nous ont fait vous connaître,
nous ont fait vous aimer. Les siècles avaient jeté leurs longs
manteaux sur vous, et nous, vos fils, vos enfants, nous ou-
bliions votre nom. Vous avez tant prié pour nous, ô père,
priez encore. Priez pour ceux qui sont fidèles, et priez aussi
pour ceux qui oublient la foi de leurs pères. Demandez
grâce ; que la miséricorde de Dieu surpasse sa justice, qu'il
pardonne, ah ! qu'il pardonne toujours. Père, veillez sur
notre patrie, sur nos Vosges, sur nous tous, et faites triom-
pher notre sainte Mère l'Église catholique.

Saint-Dié, 15 Juillet 1879.

St-Dié, Imp. L. Humbert.